Trainingsplan zu Gewichtsreduktion und Ausdauersteigerung mit Schwerpunkt Cardio

Nico Schulze

Bibliografische Information der Deutschen Nationalbibliothek:

Die Deutsche Nationalbibliothek verzeichnet diese Publikation in der Deutschen Nationalbibliografie; detaillierte bibliografische Daten sind im Internet über http://dnb.d-nb.de abrufbar.

ISBN: 9783346871855
Dieses Buch ist auch als E-Book erhältlich.

Druck und Bindung: Books on Demand GmbH, Norderstedt Germany
Gedruckt auf säurefreiem Papier aus verantwortungsvollen Quellen

Das vorliegende Werk wurde sorgfältig erarbeitet. Dennoch übernehmen Autoren und Verlag für die Richtigkeit von Angaben, Hinweisen, Links und Ratschlägen sowie eventuelle Druckfehler keine Haftung.

Das Buch bei GRIN: https://www.grin.com/document/1356086

Deutsche Hochschule für
Prävention und Gesundheitsmanagement
Hermann-Neuberger-Sportschule 3
66123 Saarbrücken

Hausarbeit

Name, Vorname	**Schulze, Nico**
Studiengang	**BSÖ**
Studienmodul	**Trainingslehre II**
Datum Präsenzphase (siehe Ergebnisdokumentation)	**15.12.2021. – 17.12.2021**

Inhaltsverzeichnis

1   DIAGNOSE 3

1.1   Allgemeine und biometrische Daten 3

1.2   Fahrradergometer 5

1.3   Gesundheits– und Leistungsstatus der Person 6

2   ZIELSETZUNG/PROGNOSE 7

3   TRAININGSPLAN MESOZYKLUS 8

3.1   Grobplanung des Mesozyklus 8

3.2   Detailplanung Mesozyklus 9

3.3   Begründung zum Mesozyklus 10

4   TEILAUFGABE 4- LITERATURRECHERCHE 13

5   LITERATURVERZEICHNIS 15

6   ABBILDUNGS- UND TABELLENVERZEICHNIS 16

6.1   Tabellenverzeichnis 16

1 Diagnose

Der erste Teil der Teilaufgabe 1 benötigt eine Erhebung der allgemeinen und biometrischen Daten in einer tabellarischen Form. Die Person wird dabei beliebig ausgewählt. Zudem wird einen individuelle Trainingsplanung erstellt.

1.1 Allgemeine und biometrische Daten

Tabelle 1: allgemeine Daten (eigene Darstellung)

Name	Herr S.
Geschlecht	Männlich
Alter	31
Körpergröße	175
Körpergewicht	85
Berufliche Tätigkeit	IT-Techniker im Außendienst, vorwiegend sitzend, da viel im Auto unterwegs (zurzeit viel im Homeoffice)
Trainingsmotive	Gewichtsreduktion, besser durch den Alltag kommen, Wiederaufnahme der Fahrradtouren, längere Strecken fahren
Aktuelle sportliche Aktivitäten	Keine Aktivität seit 2 Jahren
Frühere sportliche Aktivitäten	Fahrrad fahren, einmal die Woche, 8 km
Zeitlicher Verfügungsrahmen	Dreimal die Woche, ca. 180 min.

In allen folgenden Aufgaben wird für Herr S. das Synonym „Proband" verwendet!

Tabelle 2: allgemeiner Gesundheitszustand (eigene Darstellung)

Orthopädische Probleme	Keine
Internistische Probleme	Keine
Ärztliche Behandlungen	Keine
Einnahme von Medikamenten	Keine
Sonstige gesundheitliche Einschränkungen	Keine

Tabelle 3: biometrische Daten (eigene Darstellung)

Blutdruck	140/90 mmHG Es folgt ein Vergleich der Blutdruckwerte des Probanden mit den Normalwerten und deren Einordnung.

Tabelle 4: Einteilung der Blutdruck-Werte laut WHO

	Systolisch (mmHG)	Diastolisch (mmHG)
optimal	<120	<80
normal	120-129	80-84
hochnormal	130-139	85-89
Hypertonie Grad 1	140-159	90-99
Hypertonie Grad 2	160-179	100-109
Hypertonie Grad 3	>=180	>=110
Isolierte systolische Hypertonie	>=140	<90

Die Werte des Probanden liegen mit 140/90 mmHG im unteren Feld des Hypertonie-Grad-1-Bereichs, sehr nah an Grenze zum hochnormalen Blutdruck. Endziel ist das Erreichen eines optimalen Blutdrucks mit <120/<80mmHG, das vorläufige Ziel ist es den normalen (120-129/80-84) Bereich zu erreichen.
Dies sollte in der Planung des Trainings beachtet und überprüft werden.

Ruhepuls	79 Schläge die Minute Da der Normwert zwischen 60-80 Schlägen pro Minute liegt, befindet sich der Proband an der oberen Grenze des normalen Bereiches. Das Training (in diesem Fall Ausdauertraining) sollte sich ebenfalls positiv auf die Senkung des Ruhepuls auswirken.

Durch die dargestellten allgemeinen und biometrischen Daten wird deutlich, dass der Proband keine gravierenden gesundheitlichen Einschränkungen hat. Aufgrund des Blutdrucks von 140/90mmHg im Bereich der Hypertonie Grad 1 und des erhöhten Ruhepulses von 79 Schlägen/min. ist zu beachten, dass keine Belastungen bis hin zur maximalen körperlichen Belastungsgrenze ausgeführt werden sollten. Der Proband ist als Trainingsanfänger zu betrachten, da er seit zwei Jahren keinerlei sportliche Aktivität ausübt und auch davor nur eine mäßige Aktivität stattfand. Der hohe Blutdruck wird eine Folge der geringen Bewegung der letzten zwei Jahre sein, ebenfalls wie das Übergewicht. Diese Umstände werden sich aber während des Trainings angleichen und normalisieren.

1.2 Fahrradergometer

Der Fahrradergometertest der WHO empfiehlt sich, unter Einbezug der allgemeinen und biometrischen Daten des Probanden, am meisten. Gründe hierfür sind zum einem das niedrige Leistungsniveau sowie der Trainingsstand des Probanden und zum anderen die gute Reproduzierbarkeit und die Vergleichbarkeit mit schon bestehenden Normwerten. Auch eine gewisse Spezifität zu den Trainingsmotiven (Fahrradtouren) ist gegeben. Andere Tests richten sich an Personen mit einem höheren Leistungsniveau und fallen daher raus. Nach der Auswahl des passenden Fahrradergometertests, geht es weiter mit der angewandten Durchführung und mit der Darstellung des Testverlaufs in Tabellenform. Die Zielherzfrequenz wird anhand folgender Parameter ermittelt: Alter, Geschlecht, Größe, Gewicht, Trainingszustand und Ruhepuls. Durch die eben genannten Parameter ergibt sich eine Zielherzfrequenz von 140 Schlägen pro Minute. Abbruchkriterium des WHO- Tests ist unter anderem das Überschreiten der Zielherzfrequenz. Die Ermittlung der Zielherzfrequenz wird durch die Voreinstufungen der IPN vorgenommen, so hat der Proband einen Ruhepuls von 79 Schlägen pro Minute und befindet sich im Altersbereich von 30 bis 39 Jahren, daraus ergibt sich eine Frequenz von 140 Schlägen pro Minute. Aufgrund keiner sportlichen Aktivität zurzeit, wird auf die Zielherzfrequenz kein weiterer Wert aufaddiert. (Trunz-Carlisi E., 2004)

Tabelle 5: Darstellung relevanter Parameter für die Testung (eigene Darstellung)

Proband	
Alter	31 Jahre
Geschlecht	männlich
Größe	175 cm
Gewicht	88 kg
Trainingszustand	Untrainiert, niedriges Leistungsniveau, seit zwei Jahren keine sportliche Aktivität
Ruhepuls	79 Schläge/Minute
Zielherzfrequenz/ Pulsobergrenze (nach IPN)	140 Schläge/Minute, da seit zwei Jahren keine sportliche Aktivität mehr erfolgte gibt es keinen Aufschlag

Mit einer anfänglichen Belastung von 25 Watt wird der Fahrradergometertest gestartet. Die Belastung wird alle 2 Minuten um weitere 25 Watt erhöht. Minütlich wird die Herzfrequenz des Probanden überprüft und in Tabelle 6 festgehalten. Wenn der Proband die bereits ermittelte Zielherzfrequenz von 140 Schlägen die Minute erreicht hat, gilt der Test als beendet. Sollten gesundheitliche Einschränkungen wie eine Atemnot oder ein Schmerzgefühl auftreten wird der Test sofort abgebrochen. (Trunz-Carlisi E., 2004).

Tabelle 6: Ergebnisse des WHO-Test (eigene Darstellung)

Zeit (in min.)	Watt	Herzfrequenz 1 gemessen nach 1 Minute (Schläge pro Min.)	Herzfrequenz 1 gemessen nach 2 Minuten (Schläge pro Min.)
0-2	25	106	112
2-4	50	112	119
4-6	75	123	128
6-8	100	131	135
8-10	125	136	139
10-12	150	142	Testabbruch
Wattgesamt	137,5 Watt		
Watt/Kg	137,5 Watt / 85 Kg = 1,62 Watt/Kg		

Der Test wurde abgeschlossen, also können nun die Ergebnisse anhand Normwerte ausgewertet werden. Um eine Auswertung möglich zu machen, muss erst die relative Watt-Soll-Leistung pro Kilogramm Körpergewicht berechnet werden. Die erste Minute der Stufe 10-12 kann dem Probanden zur Hälfte angerechnet werden, da sie noch teilweise durchfahren wurde. Dies bedeutet das die erreichte Leistung von 125 Watt der Stufe 8-10 um weitere 12,5 Watt erweitert wird, da jede Stufe eine Leistungssteigerung von 25 Watt besitzt. Somit ergibt sich dann ein Endergebnis von 137,5 Watt. Diese Gesamtwattleistung muss nun durch das Körpergewicht des Probanden geteilt werden, um so die Wall-sol-Leistung zu berechnen, also 137,5 Watt: 85Kg= 1,62 (gerundet). Vom Probanden wurde eine Leistung von 1,62 Watt/Kg erreicht. Wird dieser Wert jetzt aber mit den Normwerten nach IPN verglichen, stellt man fest, dass der Proband eine unterdurchschnittliche Ausdauerleistung erbracht hat. (Trunz-Carlisi E., 2004)

1.3 Gesundheits– und Leistungsstatus der Person

Abschließend lässt sich sagen, dass eine individuellen Trainingsplanung mit dem Probanden möglich ist. Er besitzt keine internistischen oder orthopädischen Probleme und auch sonst sind keine gesundheitlichen Einschränkungen aufgetreten. Bei der Trainingsplanung sollten dennoch übermäßige Beanspruchungen, aufgrund des Blutdrucks von 140/90 mmHg im Hypertonie-Grad-1-Bereich und einer möglichen Überforderung aufgrund des schlechten Leistungstands des Probanden, vermieden werden.

2 Zielsetzung/Prognose

Im ersten Teil der Teilaufgabe 2 werden die Ziele des Probanden weiter ausdefiniert (in Form von Inhalt, Ausmaß und Zeit). Durch das Ausdefinieren der Ziele ist eine individuelle und motivierende Trainingsplanung möglich.

Tabelle 7: biometrische und sportmotorische Ziele

Inhalt	Ausmaß	Zeit
Gewichtsreduktion	6	12 Wochen
Blutdrucksenkung	systolisch: Senkung um 10 mmHg diastolisch: Senkung um 5 mmHg Ziel (hochnormal) 130/85 mmHg	12 Wochen
Fahrradtour	10 km	24 Wochen

Die zuvor festgehaltenen Ziele in der Diagnose aus Teilaufgabe 1 und die nun definierten Ziele sind übertragbar. Mittels der Gewichtsreduktion wird der Proband deutlich besser durch den Alltag kommen und diesen besser bewältigen können. Ebenfalls kann der Proband durch verlorenes Gewicht seinen Blutdruck senken. (Pro 1kg verlorenes Gewicht = 1-2 mmHg Senkung). Auch senkt man das Risiko für Folgeerkrankungen durch Übergewicht wie Herzinfarkte oder auch Schlaganfälle. Eine allzu hohe Trainingsbelastung sollte aufgrund der vorliegenden Hypertonie vermieden werden, um so größere Gesundheitliche Schäden nicht entstehen zu lassen (Reimers D., Völker K. 2018).

3 Trainingsplan Mesozyklus

In dieser Aufgabe wird genauer auf die Trainingsplanung des Probanden eingegangen. Es wird ein Ausdauertrainingsplan als Mesozyklus aufgestellt. Begonnen wird mit einer tabellarischen Grobplanung. Dort werden auch die zuvor ermittelten Ergebnisse und Parameter der Testungen, aus den vorherigen Teilaufgaben, ihre Anwendung finden. Zudem gibt es eine genaue Darstellung der verschiedenen Wochen des Mesozyklus. Zuletzt wird der Aufbau des Mesozyklus, unter Einbezug der Zielsetzung und des Leistungs- und Gesundheitszustandes des Probanden, begründet.

3.1 Grobplanung des Mesozyklus

Tabelle 8: Grobplanung Mesozyklus (eigene Darstellung)

Dauer	6 Wochen
Übergeordnete spezifische Trainingszielsetzung	Aufbau der Grundlagenausdauer Aktive Regeneration durch REKOM-Training
Wöchentlicher Gesamttrainingsumfang (in min.)	120 - 180 min.
Trainingsmethoden	Extensive Dauermethode
Belastungsintensitäten (Pulsober-/Untergrenzen)	60 - 75 % Hfmax für Grundlagenausdauer 50 – 60 % Hfmax für REKOM-Training
Trainingshäufigkeit pro Woche	3-mal
Trainingsdauer für die Trainingseinheit	40 - 60 min.
Vorgesehene Ausdauertrainingsgeräte	Fahrrad

Zur Berechnung der theoretisch maximalen Herzfrequenz wendet man die Faustformel 200 minus Lebensalter an. (Reiß M., Fikenzer S. 2013). Daraus ergibt sich eine maximale Herzfrequenz von 169 Schlägen die Minute. Die Trainingsherzfrequenz wird wie folgt berechnet: Die jeweils gewählten Trainingsintensitäten werden mit der maximalen Herzfrequenz (169) in Prozent der Hfmax multipliziert. So ergeben sich dann auch die Pulsober- und Untergrenzen. Die Berechnungen beziehen sich hier auf das Training mit dem Fahrradergometer.

3.2 Detailplanung Mesozyklus

Tabelle 9: Mesozyklus Woche 1

Woche 1	Dienstag	Donnerstag	Samstag
Trainingsziel	Aufbau Grundlagenausdauer	Aufbau Grundlagenausdauer	Aufbau Grundlagenausdauer
Trainingsmethode	Extensive Dauermethode	Extensive Dauermethode	Extensive Dauermethode
Trainingsintensität	60-65%	65-70%	70-75%
Trainingsherzfrequenz in Schläge/ Minute	Pulsobergrenze: 110 s/min Pulsuntergrenze: 101 s/min	Pulsobergrenze: 118 s/min Pulsuntergrenze: 110 s/min	Pulsobergrenze: 127 s/min Pulsuntergrenze: 118 s/min
Trainingsdauer	40 min	40 min	40 min
Trainingsgeräte	Fahrrad	Fahrrad	Fahrrad

Tabelle 10: Mesozyklus Woche 2

Woche 2	Dienstag	Donnerstag	Samstag
Trainingsziel	Aufbau Grundlagenausdauer	Aktive Regeneration durch REKOM-Training	Aufbau Grundlagenausdauer
Trainingsmethode	Extensive Dauermethode	Extensive Dauermethode	Extensive Dauermethode
Trainingsintensität	70-75%	50-60%	60-65%
Trainingsherzfrequenz in Schläge/ Minute	Pulsobergrenze: 127 s/min Pulsuntergrenze: 118 s/min	Pulsobergrenze: 101 s/min Pulsuntergrenze: 85 s/min	Pulsobergrenze: 110 s/min Pulsuntergrenze: 101 s/min
Trainingsdauer	40 min	40 min	45 min
Trainingsgeräte	Fahrrad	Fahrrad	Fahrrad

Tabelle 11: Mesozyklus Woche 3

Woche 3	Dienstag	Donnerstag	Samstag
Trainingsziel	Aufbau Grundlagenausdauer	Aufbau Grundlagenausdauer	Aufbau Grundlagenausdauer
Trainingsmethode	Extensive Dauermethode	Extensive Dauermethode	Extensive Dauermethode
Trainingsintensität	60-65%	65-70%	70-75%
Trainingsherzfrequenz in Schläge/ Minute	Pulsobergrenze: 110 s/min Pulsuntergrenze: 101 s/min	Pulsobergrenze: 118 s/min Pulsuntergrenze: 110 s/min	Pulsobergrenze: 127 s/min Pulsuntergrenze: 118 s/min
Trainingsdauer	50 min	50 min	50 min
Trainingsgeräte	Fahrrad	Fahrrad	Fahrrad

Tabelle 12: Mesozyklus Woche 4

Woche 4	Dienstag	Donnerstag	Samstag
Trainingsziel	Aufbau Grundlagenausdauer	Aktive Regeneration durch REKOM-Training	Aufbau Grundlagenausdauer
Trainingsmethode	Extensive Dauermethode	Extensive Dauermethode	Extensive Dauermethode
Trainingsintensität	70-75%	50-60%	60-65%
Trainingsherzfrequenz in Schläge/ Minute	Pulsobergrenze: 127 s/min Pulsuntergrenze: 118 s/min	Pulsobergrenze: 101 s/min Pulsuntergrenze: 85 s/min	Pulsobergrenze: 110 s/min Pulsuntergrenze: 101 s/min
Trainingsdauer	50 min	50 min	55 min
Trainingsgeräte	Fahrrad	Fahrrad	Fahrrad

Tabelle 13: Mesozyklus Woche 5

Woche 5	Dienstag	Donnerstag	Samstag
Trainingsziel	Aufbau Grundlagenausdauer	Aufbau Grundlagenausdauer	Aufbau Grundlagenausdauer
Trainingsmethode	Extensive Dauermethode	Extensive Dauermethode	Extensive Dauermethode
Trainingsintensität	60-65%	65-70%	70-75%
Trainingsherzfrequenz in Schläge/ Minute	Pulsobergrenze: 110 s/min Pulsuntergrenze: 101 s/min	Pulsobergrenze: 118 s/min Pulsuntergrenze: 110 s/min	Pulsobergrenze: 127 s/min Pulsuntergrenze: 118 s/min
Trainingsdauer	60 min	60 min	60 min
Trainingsgeräte	Fahrrad	Fahrrad	Fahrrad

Tabelle 14: Mesozyklus Woche 6

Woche 6	Dienstag	Donnerstag	Samstag
Trainingsziel	Aufbau Grundlagenausdauer	Aktive Regeneration durch REKOM-Training	Aufbau Grundlagenausdauer
Trainingsmethode	Extensive Dauermethode	Extensive Dauermethode	Extensive Dauermethode
Trainingsintensität	70-75%	50-60%	60 - 65%
Trainingsherzfrequenz in Schläge/ Minute	Pulsobergrenze: 127 s/min Pulsuntergrenze: 118 s/min	Pulsobergrenze: 101 s/min Pulsuntergrenze: 85 s/min	Pulsobergrenze: 110 s/min Pulsuntergrenze: 101 s/min
Trainingsdauer	60 min	60 min	60 min
Trainingsgeräte	Fahrrad	Fahrrad	Fahrrad

3.3 Begründung zum Mesozyklus

In diesem Aufgabenteil wird der Aufbau des vorliegenden Mesozyklus genauer erläutert. Hierbei wird auch Bezug auf die Zielsetzung sowie den Gesundheitszustand und das Leistungsniveau des Probanden genommen. Der sechswöchige Mesozyklus besitzt drei

Trainingseinheiten in der Woche (Dienstag, Donnerstag, Samstag), diese bleiben über den Zeitraum der sechs Wochen auch gleich und ändern sich nicht.

Zu Beginn wird genauer auf den wöchentlichen Gesamtumfang des Trainings eingegangen. Es wurde ein Zeitrahmen von 120—180 Minuten Woche gewählt. In der ersten und zweiten Trainingswoche wurde ein Umfang von 120 Minuten pro Woche vorgegeben, dies sind dann pro Trainingseinheit 40 Minuten. In der Trainingswoche zwei fällt allerdings auf das es dort in der letzten Trainingseinheit eine Steigerung auf 45 Minuten vorhanden ist. Diese Steigerung findet auch in der letzten Trainingseinheit in der Woche vier und grundsätzlich auch in Woche sechs statt und auch dort um je 5 Minuten (Woche vier von 50 auf 55 Minuten, Woche sechs von 60 auf 65 Minuten). Aufgrund der zeitlichen Verfügbarkeit des Probanden wird von einer erneuten Erhöhung der Trainingsdauer in der letzten Einheit in Woche sechs abgesehen. Auch in Woche drei und vier findet eine Steigerung statt. Der Gesamtumfang der Trainingseinheiten beträgt nun 150 Minuten, also 50 Minuten pro Einheit. Auch hier findet sich in Woche vier in der letzten Trainingseinheit eine Steigerung auf 55 Minuten vor. Trainingswoche fünf und sechs haben einen Gesamtumfang von 180 Minuten (60 Minuten pro Trainingseinheit). Grund für die Steigerungen lässt sich mit dem Prinzip der progressiven Belastungssteigerungen erklären. Progressive Belastungssteigerung bedeutet, dass zuerst die Trainingshäufigkeit, danach den Trainingsumfang (innerhalb der Trainingseinheit) und schlussendlich die Trainingsintensität erhöht werden sollte. Da die zeitliche Verfügbarkeit des Probanden im Punkt der Trainingshäufigkeit sowie Trainingsumfangs eingeschränkt ist (Gesamtumfang von 120-180 min. nicht erweiterbar), wird sich auf die Trainingsintensität fokussiert. Sollten gesetzte Trainingsreize über einen längeren Zeitraum gleichbleiben, passt der Körper sich den Belastungsreizen nicht mehr an und es kommt zu einer Stagnation Leistung. (Glatzfelder T., Rohner R., 2005).

Aus der Wochenplanung des Mesozyklus wird deutlich, dass der wöchentliche Trainingsumfang alle zwei Wochen um 10 Minuten gesteigert wird. Die Trainingsintensitäten wechseln innerhalb der sechs Wochen bleiben aber immer im Bereich der extensiven Dauermethode oder im Bereich des REKOM- Trainings. Gerade in der ersten Trainingseinheit der Woche fällt die Intensität mit 70-75% der Hfmax in den oberen Bereich der extensiven Dauermethode. Die erste Trainingseinheit in der Woche fällt auf einen Dienstag, womit der Proband immer zwei Ruhetage zuvor wahrnehmen konnte, so sollte keine Überbelastung des Probanden entstehen. Generell wird nur zwischen 60 -75% der maximalen Herzfrequenz trainiert bei einem Umfang von 40 – 60 Minuten Minuten pro Trainingseinheit. Somit ist es möglich einen optimalen

Trainingsreiz zu setzten durch die dann physiologischen und anatomischen Anpassungen entstehen können. (Glatzfelder T., Rohner R., 2005).

Die verwendete Methode ist die extensive Dauermethode. Es wird also eine Belastungsdauer zwischen 40 bis 60 Minuten pro Trainingseinheit, bei niedrigen Intensitäten von 60- 75% der maximalen Herzfrequenz, als Ziel gesetzt. Bei Anwendung dieser Dauermethode entstehen positive Trainingseffekte wie Verbesserung des Herz-Kreislauf-Systems aber auch Ökonomisierung und Verbesserung des Stoffwechsels. Diese Methode findet oft auch im Bereich des Freizeit- und Gesundheitssports Verwendung, unteranderem zum Aufbau von Grundlagenausdauer. Diese Effekte decken sich mit der Zielsetzung des Probanden. durch die extensive Dauermethode kann eine Gewichtsreduktion erreicht werden und ein Aufbau und später auch eine Verbesserung der Grundlagenausdauer, wo durch es dem Probanden möglich sein wird längere Radtouren zu absolvieren. Durch die Ökonomisierung des Herz-Kreislaufsystems entsteht auch eine Blutdrucksenkung, womit ein weiteres Trainingsziel des Probanden erreicht wird.

Als aktive Regeneration wirkt das REKOM- Training, welches in Woche zwei, vier und sechs einmal wöchentlich mit einer Intensität von 50-60% der maximalen Herzfrequenz durchgeführt wird. (Gimbel B., 2014).

Um die Ziele des Probanden in dem von ihm vorgegebenem zeitlichen Rahmen zu erreichen, ist das regelmäßige Training ausschlaggebend. Ausschließlich kontinuierliches Training ermöglicht es die Leistung bis zur individuellen Leistungsgrenze zu steigern. Durch Unterbrechungen des Trainings, sprich der Kontinuität können Leistungseinbrüche entstehen. (Glatzfelder T., Rohner R., 2005).

Das Training findet immer an einem Dienstag, an einem Donnerstag und an einem Samstag statt. An diesen Tagen hat der Proband auf Grund von Arbeit und anderen Terminen am besten Zeit und kann sich ruhig und fokussiert dem Training widmen. Neben der Regelmäßigkeit des Trainings ist das Prinzip der optimalen Gestaltung zwischen Belastung und Regenration elementar. Das bedeutet nach dem Setzen eines Trainingsreizes muss dem Körper Zeit zur Regeneration gegeben werden, um so die Leistungsfähigkeit wiederherstellen zu können. (Glatzfelder T., Rohner R., 2005). Die Regeneration wird unterstützt durch das REKOM-Training, um so nach Belastungsspitzen die Möglichkeit einer aktiven Regenration zu liefern. Also wird die Bewegung im REKOM-Training zur aktiven Regeneration, also Regeneration durch Bewegung genutzt. Zudem liegt zwischen den einzelnen Trainingseinheiten mindestens ein Ruhetag.

Zuletzt wird die Auswahl des Trainingsgerätes begründet. Der Proband hat lediglich das Fahrrad als Trainingsgerät für die gesamte Länge des Mesozyklus verwendet. Die Vorteile des Fahrrads gegenüber anderen Trainingsgeräten sind eine gelenkschonende Bewegungsausführung sowie ein simpler Bewegungsablauf. Es besteht ein großer Zusammenhang zu der Zielsetzung des Probanden. Unter Einbezug der Gesetzmäßigkeit der Spezifität ist der Übertrag des Trainings auf dem Gerät sehr hoch zum gesetzten Trainingsziel des Probanden (Radtouren). Das liegt unteranderem an dem gleichen Bewegungsablauf. Weitere Vorteile des Trainings mit dem Fahrrad sind eine leichte Dosierung der Intensität und des Umfangs, somit ist es besonders gut für Trainingsanfänger, wie den Probanden, geeignet.

4 Teilaufgabe 4- Literaturrecherche

Tabelle 15: Auswirkungen von Ausdauer- vs. Krafttraining vs. Der Kombination Ausdauer-/Krafttraining auf die systemische Hämodynamik, Gefäßelaszität sowie Herzfrequenzvariabilität bei Patienten mit arterieller Hypertonie (eigene Darstellung)

Wer hat die Studie durchgeführt?	Bickenbach, A.-L, Predel H., Appell H.
In welchem Jahr wurden die Studie publiziert?	2012
Welche Forschungsfrage wurde untersucht?	Auswirkungen von Ausdauer- vs. Krafttraining vs. Der Kombination Ausdauer-/Krafttraining auf die systemische Hämodynamik, Gefäßelaszität sowie Herzfrequenzvariabilität bei Patienten mit arterieller Hypertonie
Mit welchen Versuchspersonen wurde die Studie durchgeführt?	55 therapienaive Hypertoniepatienten, 42 Männer und 13 Frauen (54,7 Jahre +/- 10,4 Jahre, 175,3 cm +/- 8,3cm, 87,3 kg +/- 14,7 kg) mit arterieller Hypertonie Grad 1/Prähypertonie
Wie sah der Versuchsaufbau der Studie aus?	Die Probanden wurden einer ärztlichen Untersuchung unterzogen, unter anderem einer 24-Stunden-Blutdruckanalyse, einer HRV-Analyse und einer Bestimmung der Gefäßelaszität. Nach der Untersuchung wurden die Probanden einer der vier randomisierten Gruppen zugewiesen. AT = Ausdauertrainingsgruppe KT = Krafttrainingsgruppe AKT = Ausdauer-/ Krafttrainingsgruppe KG = Kontrollgruppe Über einen Umfang von 12 Wochen fand das Training in drei Einheiten pro Woche statt.
Welche relevanten Ergebnisse und Schlussfolgerungen lieferte die Studie?	Die körperliche Leistungsfähigkeit wurde in alle drei Gruppen (AT, KT, AKT) signifikant erhöht. Anhand der VO2max wurde diese Steigerung deutlich gemacht. In der AT-Gruppe reduzierte sich der Blutdruck um 2,35% (-3-3 mmHg), in der KT-Gruppe um 3,44% (-4,9 mmHg) und in der AKT-Gruppe um 4,18% (-5,8 mmHg). Es fand keine signifikante Veränderung der Parameter der HRV oder Gefäßelaszität statt. Als Fazit lässt sich sagen das jede der drei Trainingsformen (Ausdauertraining, Krafttraining, Kombination aus beidem) einen positiven Effekt auf Menschen mit Hypertonie Grad 1 hat. Unterschiede finden sich lediglich in der Effektivität der einzelnen Trainingsformen wieder. Hypertonie Patienten sollten so Krafttraining in ihren Trainingsalltag einbauen da es mit -4,9 mmHg oder, als Kombination mit Ausdauertraining,

| | sogar mit -5,8 mmHg die höchste Senkung des Blutdrucks bewirkt. |

Tabelle 16: Kardiovaskuläre Effekte eines aeroben versus eines isometrischen Trainings bei arterieller Hypertonie

Wer hat die Studie durchgeführt?	Vlatsas, S.
In welchem Jahr wurden die Studie publiziert?	2015
Welche Forschungsfrage wurde untersucht?	Kardiovaskuläre Effekte eines aeroben versus eines isometrischen Trainings bei arterieller Hypertonie
Mit welchen Versuchspersonen wurden die Studie durchgeführt?	Für die Studie wurden 70 Patienten mit bekannter medikamentös behandelter Hypertonie oder einem Blutdruck >/= 140/ mmHg ohne medikamentöse Behandlung in drei Gruppen eingeteilt.
Wie sah der Versuchsaufbau der Studie aus?	In den 3 Gruppen wurden jeweils verschiedene Trainingsarten absolviert.
	So hat die erste Gruppe (25 Patienten) über eine Dauer von 12 Wochen per Faustschlusskontraktion mit 30% der maximalen Kraft ein isometrisches Training durchgeführt. Dies 5-Mal die Woche
	Die zweite Gruppe bildete mit 23 Patienten die Placebo-Gruppe. Diese führten das dasselbe isometrische Training wie Gruppe 1 durch, allerdings mit einem Placebo-Gerät, somit gab es nur Kontraktionen mit 5% der maximalen Kraft. Über einen Zeitraum von 12 Wochen
	Gruppe 3 absolvierte ein aerobes Ausdauertraining. Trainingszeit 30-45 min. 5-mal pro Woche. Über einen Zeitraum von 12 Wochen
Welche relevanten Ergebnisse und Schlussfolgerungen lieferte die Studie?	Durch eine applanationstonometrische Pulswellenanalyse wurden bestimmte mechanische Parameter der arteriellen Gefäße bestimmt: Augmentationsindex, Pulsdruck, zentrale Aortendruck, Pulswellengeschwindigkeit, Gefäßelasziätsindices der großen/kleinen Gefäße und der totale periphere Widerstand.
	Aerobes Training (Gruppe 3): Es wurde eine signifikante Senkung des systolischen wie auch des diastolischen Blutdrucks festgestellt (von systolisch 129,1 +/- 10.4 mmHg auf 122,7 +/- 11,7 und diastolisch von 79,5 +/- 8,9 auf 76,7 +/- 10,9). Ebenfalls wurden Verbesserungen der Elaszitätsindices und der kleinen/großen Gefäße festgestellt. Zudem konnte ein Abfall des totalen peripheren Widerstands beobachtet werden.
	Isometrisches Training (Gruppe 1 sowie Placebo-Gruppe (Gruppe 2)): Es konnte keine signifikante Verbesserung der Gefäßelaszitätsparameter.
	Somit lässt sich Abschließend sagen das ein aerobes Ausdauertraining für Patienten mit Hypertonie deutlich besser geeignet ist als ein isometrisches Faustschlusstraining.

5 Literaturverzeichnis

Bickenbach A. L., Predel H., Appell H. (2012). *Auswirkungen von Ausdauer- vs. Krafttraining vs. der Kombination Ausdauer-/Krafttraining auf die systemische Hämodynamik, Gefäßelastizität sowie Herzfrequenzvariabilität bei Patienten mit arterieller Hypertonie.* Köln: Deutsche Sporthochschule Köln / Institut für Kreislaufforschung und Sportmedizin / Abteilung Präventive und Rehabilitative Sport- und Leistungsmedizin.

Glatzfelder T., Rohner R. (2005). *Trainingslehre Ausdauer.* Zugriff am 19.01.2021. Verfügbar unter: http://www.efsport.ch/skripts/pdf-dateien/ausdauer.pdf

Gimbel B., 2014. *Körpermanagement- Handbuch für Trainer und Experten in der betrieblichen Gesundheitsförderung.* S.193- 197. Springer- Verlag, Berlin Heidelberg.

Reimers D., Völker K. (2018). *Bluthochdruck (arterielle Hypertonie).* Springer.

Reiß M., Fikenzer S. (2013). *Studienbrief Trainingslehre II – Gesunheitsorientiertes Ausdauertraining,* S.132. Unveröffentlichtes Studienmaterial der Deutschen Hochschule für Prävention und Gesundheitsmanagement rev.10.010.000. Saarbrücken.

Trunz-Carlisi E. (2004), *IPN-Ausdauertest. Gesundheitssport und Sporttherapie*; 13, S.68 -71 Institut für Prävention und Nachsorge. Köln.

Vlastas, S. (2015), *Kardiovaskuläre Effekte eines aeroben versus eines isometrischen Trainings bei arterieller Hypertonie.* Berlin: Dissertation Charité Berlin. Verfügbar unter: https://refubium.fu-berlin.de/handle/fub188/1246

6 Abbildungs- und Tabellenverzeichnis

6.1 Tabellenverzeichnis

Tabelle 1: Allgemeine Daten (eigene Darstellung)

Tabelle 2: Allgemeiner Gesundheitszustand (eigene Darstellung)

Tabelle 3: Biometrische Daten (eigene Darstellung)

Tabelle 4: Einteilung der Blutdruck-Werte laut WHO

Tabelle 5: Darstellung relevanter allgemeiner Daten für die Testung (eigene Darstellung)

Tabelle 6: Ergebnisse WHO- Test (eigene Darstellung)

Tabelle 7: Biometrische und sportmotorische Ziele (eigene Darstellung)

Tabelle 8: Grobplanung Mesozyklus (eigene Darstellung)

Tabelle 9: Mesozyklus Woche 1 (eigene Darstellung)

Tabelle 10: Mesozyklus Woche 2 (eigene Darstellung)

Tabelle 11: Mesozyklus Woche 3 (eigene Darstellung)

Tabelle 12: Mesozyklus Woche 4 (eigene Darstellung)

Tabelle 13: Mesozyklus Woche 5 (eigene Darstellung)

Tabelle 14: Mesozyklus Woche 6 (eigene Darstellung)

Tabelle 15: Auswirkungen von Ausdauer- vs. Krafttraining vs. Der Kombination Ausdauer-/Krafttraining auf die systemische Hämodynamik, Gefäßelaszität sowie Herzfrequenzvariabilität bei Patienten mit arterieller Hypertonie (eigene Darstellung)

Tabelle 16: Kardiovaskuläre Effekte eines aeroben versus eines isometrischen Trainings bei arterieller Hypertonie

BEI GRIN MACHT SICH IHR WISSEN BEZAHLT

- Wir veröffentlichen Ihre Hausarbeit,
  Bachelor- und Masterarbeit

- Ihr eigenes eBook und Buch -
  weltweit in allen wichtigen Shops

- Verdienen Sie an jedem Verkauf

Jetzt bei www.GRIN.com hochladen und kostenlos publizieren